汉字看中国

古代人怎样通信？

李海生○文
睿鹰绘画○图

希望出版社

入冬了

妈妈给在北方工作的爸爸发信息

记得盖好被子穿好外衣

这些话

一发出去

把窗外刺骨的寒风都温暖了

现在，我们可以随时随地通过网络、卫星等给亲人朋友打电话、发信息，还可以视频通话，无论多远，都能在分秒之内连接起来，天涯海角都近在眼前了。

在遥远的古代，没有先进的通信设备和网络，距离较远的人们之间要相互传递信息非常困难。聪明的古人尝试了各种各样的方法，并逐渐形成了古代通信系统，使信息能够以最快的速度传递出去。

让我们一起去了解一下，古时候的人们都采用了哪些方法吧！

目 录

传信只能靠口传……6

旗子也会"说话"……8

记号是最古老的通信符……10

击鼓表示发起进攻……12

烽火传来边疆军情……14

钟声响起有大事发生……16

马是古代通信的大功臣……18

鸽子是空中的邮递员……20

"鸿雁传书"成了邮政通信的代名词……22

羽毛信是加急快件……24

孔明灯发出求救信息……26

用竹片、木片写的信……28

古代的特别信物……30

兵符就代表军令……32

令牌代表特别命令……34

古代就有邮局了……36

普通百姓通信多是让人捎信……38

老百姓也有寄信机构了……40

中国历史上第一套邮票诞生了……42

中国也有了电报网络……44

中国有了自己的通信卫星……46

kǒu

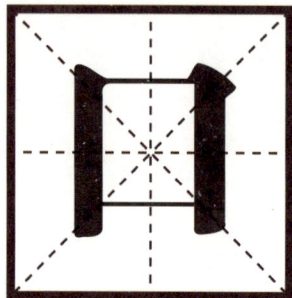

古文字形中，"口"像一张张开的嘴。本义指人的嘴。

"口"是部首字，以"口"取义的字多与嘴有关，如吃、喝、喊、叫、呼、吼等。

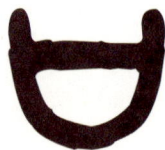

传信只能靠口传

"空山不见人，但闻人语响。"早在很久很久以前，我们的祖先还生活在山林里，人们之间传递信息只能靠口口相传，喊叫越是大声，信息传递得就会越远。这就是人类最初最原始的通信手段。口，是人类最早的通信工具。

随着人们之间的接触越来越多，需要向对方表达的想法也越来越多，仅仅借助肢体动作已经不能表达清楚了，也很费劲，人们就开始把心里的想法吼叫出来。一开始，可能只是模仿动物的叫声来传递约定的信号，后来，还逐渐形成了很多有特定意义的声音，于是，人类自己的语言就慢慢产生了。

　　人们把那些特定的声音组合起来，形成了具有新的意义的声音，也就是新的词和句子，他们甚至还把这些组合起来的声音唱出来呢，这就形成了歌曲。

　　两个人，在隔着很远的地方，你唱一句，我回一句，走一路，唱一路，这种唱山歌的形式，至今还在一些地区流传呢！

旗子也会"说话"

如果实在太远了，怎么吼也听不见，那就只能靠挥动显眼的旗子了。

远古时代的一些部族首领就常用不同的旗子代表不同的命令，用来指挥族人围猎或者抗击入侵者。传说，黄帝与炎帝大战时，就用了由各种猛禽的羽毛制作的旗子来指挥各自的部下，这是最早的旗语。

qí

旗

古文字形中，"旗"像系在树干或旗杆上的彩带，是表示领地或军队的标志。本义指旗子。

　　织物制作的旗子出现后，古代的军营中开始使用旗语来指挥军事活动了，不同手势、不同颜色、不同形状的旗语，代表不同的含义。

　　古人非常崇拜神灵异兽，军旗上常绘有灵兽的图腾和不同色彩，例如，狗旗代表弩兵，羽旗代表盾兵，龙旗代表车兵，鸟旗代表骑兵，苍鹰旗代表敢死队，虎旗代表主力部队等。

　　后来，旗语在航海、交通等各种活动中也被广泛使用。

记号是最古老的通信符

考古学家们研究发现，远古时期的人们已经开始使用刻画记号、绘写图文等作为通信方式了。木刻，就是其中的一种方式。

"尧有欲谏之鼓，舜有诽谤之木。"相传尧、舜为了鼓励百姓进谏献言，分别设立了谏鼓和谤木，作为与民众沟通的一种渠道。人们可以击打在朝堂外设置的一面鼓来进谏，或在钉到柱子上的木板上刻出想要表达的意见。

kè

刻字的"刂"表示字义，与刀有关；"亥"表示字的发音，也指豕（猪），猪有用嘴不停拱地的习惯，"刻"可以理解为用刀反复触物进行雕刻。本义指雕刻。

云南等地的少数民族，如佤族、景颇族、白族、哈尼族等，都采用过木刻或骨刻的形式来传递消息。

其中，佤族直到现代还保留着木刻通信的传统方式呢！他们的记号都很有意思，比如，木片刻上缺口，表示日期；刻上斜角，表示事件紧急等。

gǔ

鼓

古文字形中，鼓字像用手拿着鼓槌来敲鼓。本义指鼓。

击鼓表示发起进攻

传说，黄帝在征服蚩尤的"涿鹿之战"中，杀了一只夔（kuí，中国古代神话传说中的一种独腿怪物），用它的皮做鼓来激励军队冲锋，鼓声能传出五百里远呢！

鼓有良好的共鸣作用，声音激昂雄壮，很早就被我们的祖先尊为通天的神器，用于祭祀，也用来吓唬野兽或在战场上助威。

据商代的甲骨文记载，军队会用"击鼓传声"的方法来通报军情，当时有专门的通信兵，若发现有敌军来袭击时，士兵就会击鼓，通过鼓点的节奏来上报军情，这是我国最早的记载通信的文字资料。

古代战争中，也常用击鼓表示发起进攻，鸣金（铜钲）表示收兵停战。

据周代的史料记载，当时已经专门设置了"鼓人"来管理制鼓、用鼓的事。

fēng

烽

烽字的火字旁表示字义；"夆"表示字的发音，是逢的省略字，含有遇到的意思。合起来可以理解为遇到敌人侵犯时点燃报警的烟火。本义指烽火。

烽火传来边疆军情

先秦时期，北方诸侯国在北部边境，每隔一段距离就筑起一座烽火台，建立了完善的军事信息联络处。

秦朝的时候，秦始皇命人在长城上每隔十里就建一座烽火台。

　　古代各国的边境上通常都会建造很多烽火台，台上准备好干柴和狼粪等，遇到有敌人侵犯，就点燃烽火来报警——通过山峰之间的"烽火狼烟"迅速传递军情，很远就能看到。这种形式，从商周开始一直延用至明清时期。

　　西周的周幽王为了博爱妃褒姒一笑，就命人在骊山山顶点燃烽火，各地诸侯看到烽火报警后，都派出军队赶来救驾，结果发现根本没有军情，只好率军掉头返回。褒姒见状却开心地大笑起来。诸侯们被反复戏弄了多次以后，再也不相信烽火信号了。后来，当真的有敌人入侵点燃烽火时，没有诸侯再派军赶来救援，西周也就此灭亡了。

zhōng

钟

古文字形中，钟字的金字旁（"钅"）表示字义，说明钟是金属制成的；"膧"（童，指古代的男奴隶）表示字的发音，古代的奴隶因为经常挨打，所以可以联想到钟是打击乐器。合起来可以理解为钟是敲击会响的金属乐器。

钟声响起有大事发生

钟是我国最古老的乐器之一，古人也曾经用它来传递信息，一般和鼓配合使用。

据《山海经》记载，钟是尧舜时期一位名叫垂的人创制的。最初的钟可能是陶制的，到了夏禹时期，出现了铜制的钟。

后来的钟体通常是用铜或者铁制成的，呈圆锥形，上小下大，内部是空心的，敲钟时声音特别洪亮，能传出很远，还能回荡很长时间。

在古代，当有重大事件发生时，也会敲响大钟，人们听到钟声就会赶到聚集地。在北京、西安等城市的建筑中，都建有专门的钟鼓楼。

现在，每年除夕夜，我们还保留着撞钟报时、迎接新年的习俗呢！

mǎ

马

古文字形中,马字就像一匹马。本义指马。

马是部首字,以"马"取义的字多与马匹有关。

马是古代通信的大功臣

马一直是人类最重要的伙伴之一,马和马车是人类最早、最高效的传输工具。

古人自从驯服和圈养了马、牛、驴等动物后,就常常骑着它们出门或者用它们驮运物品。因为马身材强健、步伐敏捷,跑起来更快,所以人们更喜欢骑马出行,尤其是在进行长途跋涉或者传递长途信息时。

考古学家发现，商朝的都城内外，共建了十多条宽阔的大道，四通八达，其中就有整齐的专门供车马通行的"马道"，可以直接骑马到城墙上。

古人还在道路沿途专门设有驿站，为长途奔走的马匹和人员提供食物和休息场所，还能更换马匹。遇到特别重要的加急快报，能日行八百里，昼夜兼程。赶路时，马脖子上的铃铛发出响亮的声音；晚上，邮差高举着火把，远远地提醒人们避让。等公文送到的时候，马匹常常都累倒在地上了。

gē

鸽

鸽字的鸟字旁表示字义，指鸽子是一种鸟；"合"表示字的发音，表示鸽子是雌雄双配的鸟。本义指鸽子。

鸽子是空中的邮递员

在古代，有很多地方交通都不发达，两地之间不是道路不通畅，就是被高山、大河、森林等阻碍，距离太远的两个地方通信很不方便。

古人发现，一些鸽子具有准确辨别方向的能力，善于长途飞行，能飞越高山峡谷，也不怕累，于是人们就训练鸽子，把信放到它们腿上的小竹管（信筒）里，让它们送到较远的地方。

传说，西汉的张骞、东汉的班超出使西域时，就曾经用信鸽传递过消息。

在唐代，信鸽传书就已经很普遍了。据说，诗人张九龄年少时，家里就养了很多鸽子，每次与亲朋好友书信往来，他都把书信系在鸽子腿上，放飞鸽子去送信。他还给信鸽起了一个好听的名字——"飞奴"。

yàn

雁

雁是一种鸟，"厂"指山崖，"亻"由人字演变而来，表示大雁经常排成人字形飞越高山。本义指大雁。

"鸿雁传书"成了邮政通信的代名词

大雁，不仅具有长途飞行的能力，还能准确辨别方向，也帮助古人传递过信息呢！

《汉书·苏武传》中有"苏武牧羊"故事的记载。汉朝的使臣苏武出使匈奴时被扣留，并被流放到北海（今贝加尔湖）无人区去放羊。很多年后，汉朝又派使节来到匈奴，要求放苏武回去，匈奴的单于却不打算放人，撒谎说苏武已经死了。和苏武一起被扣留的副使常惠秘密见到了汉使，把苏武的情况告诉了他，还想出一条妙计。汉使再见到单于，按计责备单于："汉朝皇上在打猎时，射到一只大雁，足上系着一封写在帛上的信，上面写着苏武被流放北海牧羊。"单于听了，非常惊奇，只好把苏武放了回去。

　　南宋末年，蒙古可汗忽必烈派大使郝经出使南宋，结果，郝经被扣留在真州十多年。后来，他从宋人手中得到了一只大雁，把一封蜡书系到了大雁腿上。他放飞大雁，告诉了家乡自己被扣留的消息。

　　"鸿雁传书"的传说已经流传了千百年，后来，这个词渐渐成为邮政通信的代名词。

yǔ

羽

古文字形中，"羽"像两片鸟的羽毛，羽特指鸟翅膀上的长毛。本义指鸟的羽毛。

"羽"是部首字，以"羽"取义的字多与羽毛、鸟类或者飞行有关。

羽毛信是加急快件

在古代的军队里，曾用"羽毛信"来传递加急情报。古人认为鸟飞得高、飞得远、飞得快，羽毛很轻，方便携带，在征调军队或者通知紧急战事的时候，插上了羽毛的军事书信"羽檄"必须迅速传递，不能延误。

据《汉书》记载：“吾以羽檄征天下兵。”汉高祖曾用羽毛信传递紧急军令，征集天下兵马平定叛乱；唐代诗人杜甫的诗中有“直北关山金鼓振，征西车马羽书驰”“战连唇齿国，军急羽毛书”的历史名句，也提到了用来传递军情的羽毛信。

战报

dēng

灯

古文字形中，灯字的金字旁表示字义，与金属有关；"登"表示字的发音。合起来可以理解为金属灯台上的火苗。本义指照明的器具——灯。字形经过简化后，金字旁变成了火字旁，表示字义，指用来照明的灯火；"登"简化后变成了"丁"，表示字的发音。

孔明灯发出求救信息

孔明灯通常是用竹篾扎成方形的架子，外面糊上纸，做成大灯，底盘上放置燃烧着的松脂，灯就靠热空气飞上天空，用作军事联络。传说，因为这种松脂灯笼的外形像诸葛亮（字孔明）戴的帽子，因此叫作孔明灯。

　　关于孔明灯，还有一种传说：三国时期，蜀国的诸葛亮被魏国的司马懿围困在平阳，急需救援。于是，军师诸葛亮算准风向，将求救的小纸条系在纸灯笼上，然后放飞，援兵看见后赶来解围，诸葛亮才脱了险。因为诸葛亮被称为孔明先生，所以人们就把这种纸灯笼叫作"孔明灯"。

　　后人为了纪念诸葛亮，放飞孔明灯演变成一种庆祝丰收或节日祈福的仪式，一般在元宵节、中秋节等重大节日放飞，放灯的人通常会在灯面上写下一些祈福的话。

jiǎn

简

簡

简字的竹字头（"⺮"）表示字义，说明简是用竹子制成的；"间"表示字的发音，含有空隙的意思，表示竹简上的字与字之间留有空隙。合起来可以理解为古代用来写字的狭长的竹片。

最初，竹片称"简"，木片称"札"或"牍"，后来统称为"简"。若干片简合在一起叫"策"（册）。

简，还是中国历史上使用时间最长的书籍形式，是纸张和印刷术发明前最主要的记载工具。人们想看文章，就得抱着重重的一大捆简书，铺在桌子上，展开来看。想要保存大量的简书，需要一间专门的屋子呢！

用竹片、木片写的信

　　战国时期，各诸侯国之间的交往非常频繁，官员们就把要传递的信息刻到狭长的竹片或者木片上制成简书，派人送出去，这就是最早的书信形式。一开始，竹简只是在上层社会中小范围流传，后来，才逐渐被更多的人使用。

　　西周的时候，简书已经非常流行了。人们还会把书信等装进竹筒里，竹筒就相当于现在的信封，起到保护书信的作用。竹筒传递书信的方式，从唐代一直延续到明清时期。

jié

节

古文字形中，节字的竹字头表示字义，说明与竹子有关；下半部分的字体像即，表示字的发音。合起来可以理解为节是竹子各段的结合处。本义指竹节。

古代的特别信物

从战国时期开始，随着战事增多和商业的不断发展，传递军事情报和日常通信的需求变得越来越多，也越来越重要。为了验证送信人的身份，古人采用过很多办法，"符节"是最通用的方法。符，相当于信物、通行证；节，就是身份证明。

最初的符，一般由带图文的竹片、木片或者玉器等分成两半，双方各保存一半，待见面后，会拿出各自持有的符进行比对，如果吻合，就说明对方的身份是真的。

后来，古人又特制了不同形状、不同图案、不同材料的符节，代表不同的意义，通常有调动符节（如兵符）、邮传符节、身份符节、专使符节等，持有的人只要出示符节，就表明了身份。

31

fú

符

符

符字的竹字头表示字义，说明符是用竹子制成的；"付"表示字的发音。合起来可以理解为符是古代传达命令或者调动军队用的凭证。

兵符就代表军令

在古代的军队里，有专门的兵符，由掌管兵权的官员持有，当发布紧急命令时，会派遣特使拿着兵符代表上级长官前往军营，特使只要出示兵符就可以调兵遣将了。

早在春秋战国时期，军队中就已经广泛使用兵符了。《周易》《孙子兵法》《六韬》等古籍中，都有关于兵符使用的记载。

　　战国时，秦军发兵攻打赵国，赵国向魏国求救。可是魏国的国君害怕强大的秦军，不敢派兵出战。魏国公子信陵君认为，赵国和魏国相邻，如果赵国灭亡了，魏国也会变得很危险。于是，他听取了隐士侯嬴的建议，托如姬盗取了兵符，并调动军队打败了秦军，解除了赵国的危机。信陵君窃符救赵的忠义故事流传后世。

　　当时的兵符就是用青铜制作的虎符。

lìng

令

古文字形中，令字像一个人跪坐着发号施令。本义指命令。

令牌代表特别命令

后来，在古代军事中，又出现了各种各样特制的令牌，它的作用类似于符，由朝廷派遣的特使拿着令牌前往军营，去传达上级布置的特殊或者保密的命令。

令牌通常由金、银、铜、铁等金属或玉制成。不同的令牌代表不同命令的重要程度，金令牌是最重要、最紧急的命令，必须加急执行。

南宋时期，抗金将领岳飞率领军队驻守在边关，抗击金国军队的侵犯，但是宋朝朝廷却害怕交战，不想抵抗，派人拿着金令牌赶去前线，命令岳飞停止抗金，并要将他调回京城。在同一天里，岳飞连续收到了朝廷发出的十二道"金字牌"！

接到金令牌后，岳飞不敢违抗军令，只好日夜兼程回到京城复命，结果不幸惨遭了奸臣的陷害。

!! 来回快

古代就有邮局了

据甲骨文记载，商朝时就已经有了邮驿。

从西周时开始，中央王朝和各诸侯国之间就建立了很多邮亭和驿站馆舍等，成为古代最主要的官方通信系统。邮亭，相当于现在的邮局；驿站中备有官差和马匹，在送信过程中可以在驿站里换马换人，使官府的公文、信件能够一站接一站不间断地传递下去。

一路顺风！

驛

yóu

邮

古文字形中，左边的"垂"表示字义，边陲；"邑"表示城邑。合起来可以理解为邮是从城市到偏远的边陲之间传递文书的驿站。本义指驿站。

当时，骑马快速传递信息称为"传"，短途步行传递信息称为"邮"，徒步疾行传递信息称为"徒"。

到了汉代，骑马成为最主要的长途送信方式，并实行了邮和驿的分流。邮，主要指短途步行接力传递信件；驿，主要是骑马进行长途信件传递。

我国邮驿制度一直到清朝中期才逐渐被现代邮政取代。

xìn

信

古文字形中，信字由人和口组成，表示人口里说出来的话要真实可信。本义指真实可信，引申指信息、信件。

普通百姓通信多是让人捎信

明朝以前，邮、驿是官府的通信组织，只许传送官府的文件，不允许传送私人信件。民间还没有正式的通信机构，人们之间通信只能通过熟识的人相互捎信，有写好的书信，有特殊含义的信物，也有口信。

自从古人发明文字以后，很多信件都采用文字书写。书，也成了古代一种通信文体，相当于我们今天的"信"了。唐代诗人杜甫曾留下了"烽火连三月，家书抵万金"的著名诗句。

古代的书信还有一些有趣的别称——

尺牍:古时候的书函长大约一尺,因此叫尺牍,也叫"尺函""尺书""尺笺"等。

八行书:古时候的竖式信笺,多用红线划分成八行,因此,书信也被称为八行书。

双鲤鱼:古人常将书信结成双鲤鱼形或将书信夹在鲤鱼形的木板中寄出,故以双鲤鱼代称书信。

書

老百姓也有寄信机构了

到了明朝的时候，由一些商人创办了专门为民间传递信件的通信机构——民信局，业务包括寄递信件、物品、经办汇兑。

后来，发展到全国的大小民信局达数千家，遍布国内及华侨聚居的亚洲、澳大利亚和太平洋地区。较大的民信局在上海设总店，各地设分店和代办店，各民信局之间还进行联营协作，构成了民间通信网。

清朝时期，清朝政府开办了邮政局，在国家邮政部门登记的就有300多家，仅上海就有70多家。

jú

古文字形中，局字由"尺"和"口"组成，"口"指人的嘴；"尺"指规矩和法度。合起来可以理解为口中易说错话，要用尺度来约束。本义指限制、约束，引申指单位的名称或处境，如电信局、邮政局；局面等。

大清邮政

中国历史上第一套邮票诞生了

清朝政府还在北京、天津、烟台、牛庄（今营口）和上海五处海关试办邮政业务，并印制了中国历史上第一套邮票——大龙邮票，这套邮票共三枚，邮票的颜色和面值各不相同。

邮票图案正中绘一条五爪金蟠龙，衬以云彩水浪，象征皇室的权威，还有"大清""郵政局""壹（叁、伍）分銀"的字样。

piào

票

古文字形中，"火"和"升"组合表示火焰向上升腾。"票"的本义指火焰升腾，引申指轻，后又引申指票据、纸币。字形简化后，"西"像鸟窝表示有依凭；"示"有显示（金额）的含义。合起来表示钱币、票据等有面值有依凭。

邮票的面值用银两计算：一分银（绿色，寄印刷品邮资）、三分银（红色，寄普通信函邮资）、五分银（橘黄色，寄挂号邮资）。

大龙邮票的发行，标志着有数千年邮驿通信历史的中国进入了现代通信的新时期。

中国也有了电报网络

　　清朝后期，先进的电报通信形式由外国传入中国。

　　洋务运动的主要推动人李鸿章下令架设了从天津到大沽、北塘炮台的电线，可以直接用电报传递战事消息。后来，又在天津先后设立了电报学堂和电报总局，前者负责培养电报技术人才，后者统筹指导电报业务。

bào

报

報

古文字形中，报字像一只手按着一个戴手铐的人。本义指审判犯人向上级报告，引申指传达消息和言论的文件、信号或出版物。

天津到上海的电报线全线完工后，全长 3075 里，津沪线联通了中国的政治中心（京津）与经济中心（上海），并通过上海的国际电报网络，联通了世界。

津沪电报线具有强大的带头示范作用，随后，各地都纷纷效仿建设，天津通州线、北京通州线、山海关奉天线、广州虎门线……形成了覆盖全国的电报线网络，有线电报线路总长有 6 万多公里，设立电报局约 700 处，拥有电报机 700 多台。

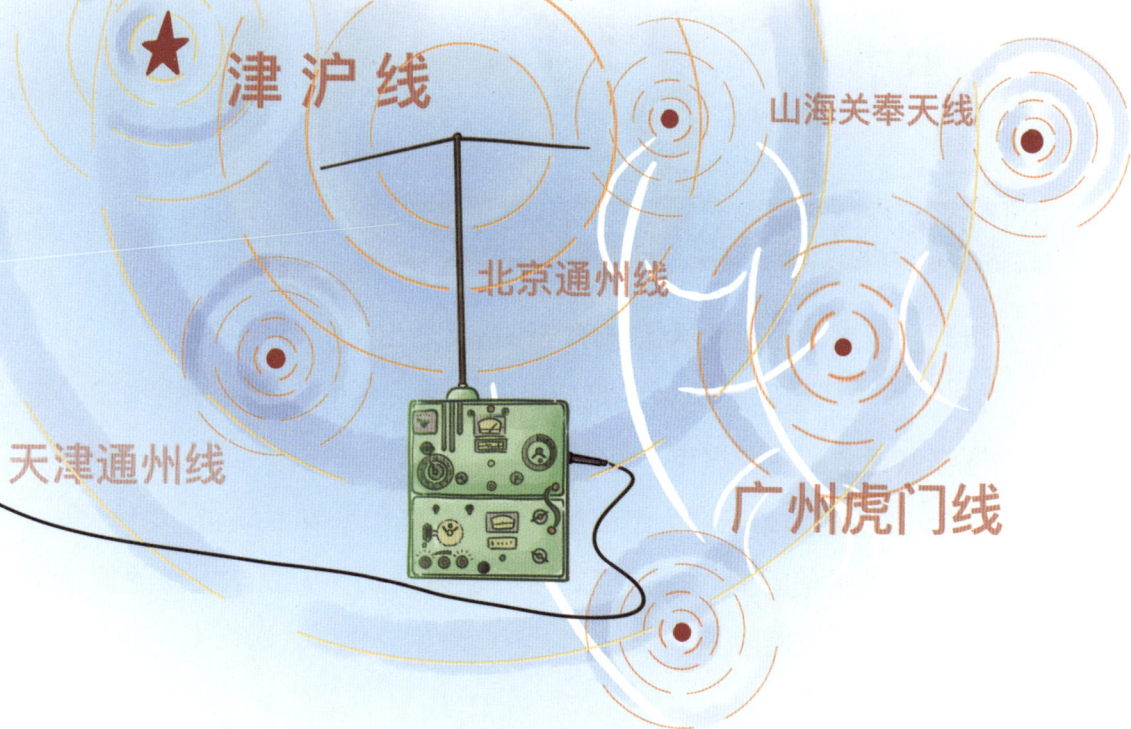

津沪线

山海关奉天线

北京通州线

天津通州线

广州虎门线

古文字形中，星字的两个小方块代表星星。字形经过演变后，小方块变成了日；"生"表示字的发音，含有向上生长的意思，表示星星存在于天上。合起来表示星星是像日（太阳）一样的天体。

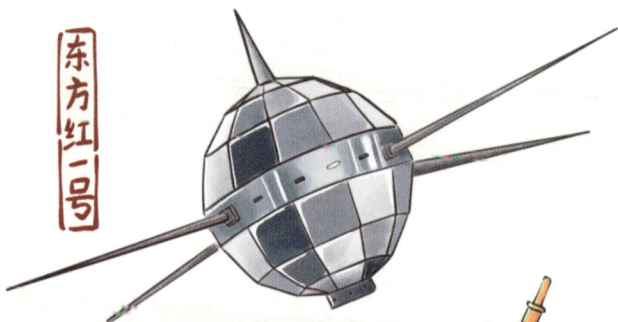

东方红一号

东方红二号

中国有了自己的通信卫星

近现代以来，先进的通信技术与设备不断出现。

1877 年中国第一部电话线路架设于上海，各地也先后开始铺设，电话网络逐渐联通全国主要城市。

1970 年，我国第一颗人造卫星"东方红一号"发射成功，1984 年，我国第一颗试验通信卫星"东方红二号"发射成功……我国现代通信技术不断迭代创新和快速发展。

今天，邮政系统、物流、互联网、移动通讯网络已经覆盖全国大大小小的城乡，使通信变得精准、快捷，人们还可以通过网络发送电子邮件，通过电话、电脑等设备进行视频、语音的互联，"海内存知己，天涯若比邻"已经变成了现实。

扫码学汉字

于方正天地
寻华夏之根

解字说书台

配套有声书，
挖掘汉字故事。

识字游乐园

汉字消消乐，
一起边玩边学。

汉字考古集

历史纪录片，
学汉字寻古迹。